Inhalt

Outplacement

Kernthesen

Beitrag

Fallbeispiele

Weiterführende Literatur

Impressum

Outplacement

M.Rinkenburger

Kernthesen

- Das Ziel von Outplacement-Beratungen ist es, den von einer Kündigung betroffenen Mitarbeitern dabei zu helfen diesen beruflichen Rückschlag zu verarbeiten und sie bei dem Bewerbungsprozess für eine neue Tätigkeit zu coachen. (1)
- Outplacement-Beratungen betreuen inzwischen nicht nur oberste Führungskräfte bei der Jobsuche, sondern unterstützen zunehmend Mitarbeiter aller Hierarchieebenen. (1)
- Durch die Beauftragung einer Outplacement-Beratung können die ausstellenden Unternehmen den gegebenfalls durch die Entlassungen verursachten Imageschaden reduzieren.

- "E-Placement", d.h. Outplacement via Internet kam in letzter Zeit als neuer Service hinzu. (4), (11)

Beitrag

Outplacement ist ein personalpolitisches Instrument, das dazu dienen soll, notwendig gewordene Freisetzungen mit Stil und gegenseitigem Verständnis abzuwickeln. Neben den Vorteilen für die Mitarbeiter dient es meist auch dazu den Imageverlust der freisetzenden Unternehmen zu begrenzen.

Outplacement-Beratungen sind Unternehmen, die den von einer Kündigung betroffenen Mitarbeitern dabei helfen, mit der Situation der bevorstehenden Entlassung fertig zu werden. Bei Outplacement-Beratungen kann es sich sowohl um lokal operierende Firmen handeln, als auch um Unternehmen die weltweit tätig sind.

Die Mitarbeiter werden oft mehr oder weniger überraschend mit der meistens selbst unverschuldeten Situation konfrontiert, plötzlich zum Kreis der Betroffenen zu zählen und sich von heute auf morgen mit dem Verlust des Arbeitsplatzes alleine zurechtfinden zu müssen. (1) Das Aufarbeiten der oftmals schmerzhaften Erfahrung einer

Kündigung, die Beratung bei der Selbstanalyse sowie das Coaching beim Bewerbungsprozeß sind die vorrangigen Aufgaben, die der Outplacement-Berater mit dem Kandidaten in dem mehrere Monate dauernden Prozess erarbeitet. (1), (2)
Unter Personalentwicklungsgesichtspunkten können Outplacement-Beratungen den Betroffenen auch die potentielle Chancen und Möglichkeiten aufzeigen, die mit einer Freisetzung verbunden sein können. (6)

Vorbild USA

In den USA gehört Outplacement für die Freisetzungen von Mitarbeitern aus unterschiedlichsten Unternehmensgründen schon seit den sechziger Jahren zum Erscheinungsbild des Arbeitsmarktes. Unternehmen bieten bereits seit mehreren Jahrzehnten ihren von der Kündigung betroffenen Mitarbeitern an, sich von Outplacement-Beratungen bei der Suche nach einem neuen Arbeitgeber unterstützen zu lassen. (5) Trotz der relativ hohen Erfolgsquoten in den USA spielten in Deutschland -bis auf vereinzelte Aktivitäten auf der Ebene des Topmanagements- Outplacement-Beratungen keine Rolle. Erst die gegenwärtige wirtschaftliche Entwicklung, mit einer entsprechend großen Zahl an Freisetzungen über alle Branchen hinweg führte auch in Deutschland zu einem umdenken. Zum einen werden verstärkt die Leistungen von Outplacement-Beratungen in Anspruch genommen und zum anderen wird dieses Angebot vermehrt allen von einer Freistellung betroffenen Mitarbeiter angeboten und nicht nur der obersten Führungsebene. (1), (3), (5)

Ursachen und Chancen

Viele Unternehmen müssen sich aus Kostengründen von einer Vielzahl von Mitarbeitern trennen. Dabei handelt es sich oftmals nicht nur um leistungsschwache Mitarbeiter, sondern verstärkt auch um Leistungsträger von denen sich das Unternehmen z. B. aufgrund von Reorganisationen trennen muss. (1)
In einer Zeit, in der hire and fire immer kürzeren Zyklen unterliegt, kann es in Zukunft vermehrt zu der Situation kommen, dass sich das Unternehmen wünscht, den gekündigten Mitarbeiter zu einem späteren Zeitpunkt wieder unter den Bewerbern zu finden. (4)
Hierzu kommt es allerdings nur, wenn sich das vom Mitarbeiter trennende Unternehmen auch in der Trennungsphase um seine Mitarbeiter kümmert und es wie im angelsächsischen Raum eine

Trennungskultur gibt, in der Outplacement als ein Instrument der Personalentwicklung gesehen wird. (1), (7).

Die Etablierung einer Trennungskultur wirkt sich aber auch auf die Survivors, jene von der Kündigung nicht betroffenen Mitarbeiter, aus. Die Art und Weise wie sich ein Unternehmen von seinen Mitarbeitern trennt beeinflusst in großem Maße auch die verbleibenden Mitarbeiter im Hinblick auf deren Arbeitseinsatz und Loyalität gegenüber dem Arbeitgeber, denn schließlich könnte jeder der nächste sein. (5), (8)

Vorgehensweise

Es gibt verschiedene Möglichkeiten eine Outplacement-Beratung zu beauftragen. So kann das ausstellende Unternehmen eine Beratung beauftragen, welche die betroffenen Mitarbeiter im Rahmen von Gruppen- oder Einzelberatungen betreut. Ob sich ein Unternehmen für eine Einzel- oder Gruppenberatung entscheidet, hängt oftmals von der Zielgruppe, den Kosten und ggf. auch von den in den Arbeitsverträgen zugestandenen Sonderleistungen ab. (1), (2), (3),

Die betroffenen Mitarbeiter haben aber auch die

Möglichkeit, sich selbst an Outplacement-Berater zu wenden, wenn ihnen ihre Firma kein entsprechendes Angebot offeriert. Hierbei sind aber die meistens nicht unerheblichen Kosten von den Betroffenen selbst zu tragen. (5)

In letzter Zeit kommt immer mehr auch das sogenannte "ePlacement", d.h. Outplacement via Internet als mögliche Alternative hinzu. (4), (11)

Welchen Anspruch sollten die beauftragenden Unternehmen oder Mitarbeiter an eine Outplacement-Beratung haben?

Das Unternehmen bzw. der Interessent sollte nicht voreilig den erstbesten Berater, sondern den individuell am besten geeigneten Berater beauftragen und diesen dann möglichst frühzeitig miteinbeziehen. Aufgabe der Outplacement-Beratung muss es sein, ihre Kandidaten bei den verschiedenen Schritten von der Selbstanalyse bis hin zur Plazierung zu begleiten. Hierbei ist es wichtig darauf zu achten, dass eine möglichst schnelle Plazierung in eine angemessene Position aber nicht in die erstbeste Position erfolgt. (6), (7)

Insbesondere Mitarbeitern, die lange Jahre dem Unternehmen verbunden waren und sich mit Themen wie Bewerbungsprozesse und Recruitingkanäle seit langem nicht mehr auseinandersetzen mussten, bieten Outplacementberatungen dann eine wertvolle Hilfe bei der Suche nach einer neuen beruflichen Existenz. (1), (5)

Fallbeispiele

Outplacement-Beratungen verzeichnen einen Anstieg bezüglich der Bereitschaft von Unternehmen Outplacement-Beratungen zu beauftragen. Die Kosten betragen dabei bei einer Einzelberatung zwischen 20 und 30 Prozent des letzten Jahreseinkommens. (5)
- www.rundstedt.de (12)
- www.skp-gmbh.de (13)
- www.dbm.com (14)
- www.bestplacement.de (15)
- www.adecco.de (17)
- www.krenz-maes.de (18)
- www.m-u-m.com (19)

Insgesammt wurden 2001 in Deutschland ca. 1600 Betroffene im Rahmen von Einzelberatungen und 13700 Kandidaten bei Gruppenberatungen von den ca. 30 bundesweit tätigen Outplacement-Beratungen in neue Positionen vermittelt. (1)

Zum Teil werden Gruppen-Outplacements bei Vorliegen bestimmter Rahmenbedingungen auch durch die zuständigen Landesarbeitsämter gefördert. (5)

Die Jobbörse Worldwidejobs und die Personalberatung Kienbaum kooperieren im Outplacement-Geschäft und wollen Arbeitskräfte mittels Präsenztraining und Online-Jobsuche in offene Stellen vermitteln. Der Preis für das E-Placement ist gestaffelt. Bei Gruppen von etwa 50 Personen beträgt er 2600 Euro pro Teilnehmer. (4), (11)
- www.worldwidejobs.de (9)
- www.kienbaum.de (10)

Die IG Metall bietet unter www.igmetall/metall/hintergrund.de ausführliches Informationsmaterial zum Thema Outplacement. (16)

Weiterführende Literatur

(1) Professionelle Hilfe für gekündigte Mitarbeiter,

Bonner General-Anzeiger, 23.02.2002, S. 41
aus DIE WELT, 31.01.2009, Nr. 737, S. 5

(2) Transfer in den nächsten Job, Süddeutsche Zeitung, SZ, 16.03.2002, Ausgabe Deutschland, S. V1/19
aus DIE WELT, 31.01.2009, Nr. 737, S. 5

(3) Sag' zum Abschied leise Servus
aus HORIZONT 03 vom 17.01.2002 Seite 054

(4) Neuer Service "ePlacement" Outplacement via Internet, Markt und Technik, Heft 6/2002, S. 72
aus HORIZONT 03 vom 17.01.2002 Seite 054

(5) Feuern ohne Imageverlust
aus Lebensmittel Zeitung 12 vom 22.03.2002 Seite 085

(6) Ein schmerzhafter Ruck Berater helfen gekündigten Arbeitnehmern, sich für ihren künftigen Job neu auszurichten
aus FTD Financial Times Deutschland vom 18.01.2002, Seite 29

(7) Keine Furcht vor dem Trennungsgespräch personalmanagement
aus FTD Financial Times Deutschland vom 18.01.2002, Seite WE6

(8) Achtung Boomerang! Unfaire Entlassungen demotivieren, Markt und Technik, Heft 6/2002, S. 70
aus FTD Financial Times Deutschland vom 18.01.2002, Seite WE6

(9) www.worldwidejobs.de
aus FTD Financial Times Deutschland vom 18.01.2002, Seite WE6

(10) www.kienbaum.de
aus FTD Financial Times Deutschland vom 18.01.2002, Seite WE6

(11) Outplacement, Kienbaum kooperiert mit Online-Jobbörse, COMPUTERWOCHE Nr. 07, 15.02.2002, S. 55
aus FTD Financial Times Deutschland vom 18.01.2002, Seite WE6

(12) www.rundstedt.de
aus FTD Financial Times Deutschland vom 18.01.2002, Seite WE6

(13) www.skp-gmbh.de
aus FTD Financial Times Deutschland vom 18.01.2002, Seite WE6

(14) www.dbm.com
aus FTD Financial Times Deutschland vom 18.01.2002, Seite WE6

(15) www.bestplacement.de
aus FTD Financial Times Deutschland vom 18.01.2002, Seite WE6

(16) www.igmetall/metall/hintergrund.de
aus FTD Financial Times Deutschland vom 18.01.2002, Seite WE6

(17) www.adecco.de
aus FTD Financial Times Deutschland vom 18.01.2002, Seite WE6

(18) www.krenz-maes.de
aus FTD Financial Times Deutschland vom 18.01.2002, Seite WE6

(19) www.m-u-m.com
aus FTD Financial Times Deutschland vom 18.01.2002, Seite WE6

Impressum

Outplacement

Bibliografische Information der deutschen Nationalbibliothek

Die Deutsche Nationalbibliothek verzeichnet diese Publikation in der deutschen Nationalbibliografie; detaillierte bibliografische Daten sind im Internet über http://dnb.d-nb.de abrufbar.

ISBN: 978-3-7379-0995-2

© 2015 GBI-Genios Deutsche Wirtschaftsdatenbank GmbH, Freischützstraße 96, 81927 München, www.genios.de

Alle Rechte vorbehalten. Dieses Werk ist einschließlich aller seiner Teile – z.B. Texte, Tabellen und Grafiken - urheberrechtlich geschützt. Jede Verwertung außerhalb der Grenzen des Urheberrechtsgesetzes bedarf der vorherigen Zustimmung des Verlags. Dies gilt insbesondere auch für auszugsweise Nachdrucke, fotomechanische Vervielfältigungen (Fotokopie/Mikroskopie), Übersetzungen, Auswertungen durch Datenbanken oder ähnliche Einrichtungen und die Einspeicherung und Verarbeitung in elektronischen Systemen.